Vincent Oloff 04509/8361
Kd. 2b

Die Entdeckung der Dinomumie

Dr. Phillip Lars Manning

DIE ENTDECKUNG DER DINOMUMIE

Mit einem Vorwort von Tyler Lyson

Übersetzung von Christine Schulz-Reiss

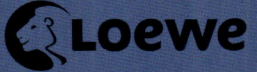 LOEWE

ISBN 978-3-7855-6517-9
1. Auflage 2009
Titel der Originalausgabe: *Dinomummy*
Zuerst veröffentlicht 2007 bei Kingfisher Publications Plc
Copyright © Macmillan Children's Books 2007
Redaktion der englischen Originalausgabe: Hannah Wilson
Gestaltet von Mike Davis
Covergestaltung: Mike Buckley
Bildredaktion: Cee Weston-Baker
Herstellungsleitung: Nancy Roberts und Lindsey Scott
Herstellung: Catherine Hibbert und Nicky Studdart
Veröffentlicht mit Genehmigung von Macmillan Children's Books

Alle Rechte vorbehalten inklusive des Rechts zur vollständigen
oder teilweisen Wiedergabe in jedweder Form.

© für die deutschsprachige Ausgabe 2009
Loewe Verlag GmbH, Bindlach
Printed in China

www.loewe-verlag.de

*Dieses Buch ist allen gewidmet, die jemals
ein Fossil entdeckt und von vergangenen Welten
und vergessenen Leben geträumt haben.*

Dr. Phillip Lars Manning

Inhalt

Vorwort

Dinosaurier faszinieren mich, seit mein ältester Bruder Ryan und ich den versteinerten Kieferknochen eines Hadrosauriers, eines Entenschnabeldinosauriers, fanden. Damals war ich sechs Jahre alt. Die Versteinerung liegt noch heute in einer Schuhschachtel in meinem Schlafzimmer. Von diesem Tag an packte mich der Ehrgeiz, alles über Dinosaurier zu erfahren. Hatte ich doch selbst erlebt, dass jeder einen Dino finden kann. Damals war ich noch zu klein, um selbst auf die „Jagd" zu gehen. Aber weil ich so entschlossen von meinem Vorhaben war, schaffte ich es, meine Mutter zu überreden, mit mir in die Badlands von Hell Creek zu fahren. Das ist nahe bei meiner Heimatstadt Marmarth in North Dakota in den USA. Mum setzte sich dort in einen Liegestuhl – mit einem Auge las sie, mit dem anderen hatte sie mich im Blick –, während ich im Staub und Sand nach Dinosaurierknochen grub.

Als Teenager nahm ich die Sache dann richtig in die Hand. Ich gründete mit einem Kumpel die Marmarth Research Foundation, eine Organisation, die es sich zum Ziel setzt, Dinosaurierfossilien auszugraben, zu untersuchen und zu erhalten. Unser Hauptquartier war eine Garage. Die hatte jedoch bald nichts mehr mit einem Autoabstellraum gemein, denn in den Regalen stapelten sich Knochen von Triceratops, Pachycephalosaurus, und sogar das Fossil von einem Tyrannosaurus rex war dabei.

Das war aber alles nichts gegen den Fund, den ich als 16-Jähriger an einem späten Sommerabend auf der Ranch meines Onkels machte: Ich hatte „Dakota" entdeckt, einen mumifizierten Entenschnabelsaurier! Eine Dinosauriermumie zu finden ist eine Sensation. Das kommt so selten vor, dass ein solcher Fund alles, was wir bislang über Dinos wissen, über den Haufen werfen kann.

Dieses Buch erzählt die Geschichte von Dakota. Es ist eine Abenteuerreise durch Zeit und Wissenschaft. Viel Spaß dabei!

Tyler Lyson

Tyler Lyson, Student der Paläontologie an der Universität von Yale, Gründer der Marmarth Research Foundation und Entdecker von Dakota

Diesen Kieferknochen eines Entenschnabelsauriers fand ich, als ich sechs Jahre alt war.

7

Leben und Tod in Hell Creek

Wir befinden uns im Zeitalter der Dinosaurier. Damals lebten die größten Geschöpfe, die die Erde je bevölkert haben. Eine dieser Riesenechsen, ein Hadrosaurier, kommt gerade aus einem Urwald von Riesenfarnen und anderen nahrhaften Pflanzen, die am Fluss wachsen. 65 Millionen Jahre später wird er einer der wichtigsten Saurier sein, die je gefunden wurden. Und er wird „Dakota" heißen. Heute, während die Sonne aufgeht, beschäftigt ihn jedoch nur eines: wie er den nächsten Tag in Hell Creek überleben kann.

Dakota ist groß und schwer. Behäbig geht er auf seinen mit dicken Muskeln bepackten Beinen zum Fluss. Er spreizt die Zehen weit auseinander, damit er nicht im Sand versinkt. Mit dem Schwanz balanciert er seinen langen Körper aus. Dakota ist noch nicht ausgewachsen, aber jetzt schon so lang wie ein Bus, gute acht Meter. Behutsam setzt er die schlanken Vorderfüße auf. Er will sich gerade zum Trinken bücken.

10

Da sieht Dakota, wie drüben am anderen Ufer zwei männliche Pachycephalosaurier aufeinander losgehen. Ihre dicken Schädel setzen sie als Rammböcke ein. Heute ist ihr Kampf nur ein Kräftemessen, mit dem sie die Weibchen beeindrucken wollen. Aber eigentlich sind ihre gewaltigen Dickschädel eine Waffe gegen Feinde.

Hinten am Waldrand beobachtet ein anderer Pflanzenfresser friedlich den Kampf: ein Triceratops-Weibchen, doppelt so groß wie ein Rhinozeros. Mit ihren großen Hörnern kann sie Angriffe der gefährlichen Fleischfresser von Hell Creek abwehren. Ihren Hals schützt ein gepanzerter Nackenschild. Dakota hat weder Rüstung noch Waffen.

Dakotas Schutz ist seine Herde, die nebenan grast. Er geht schnell zurück, denn er weiß, dass er noch jung und deshalb besonders verletzlich ist. Außerhalb der Herde wäre er einem Angriff hilflos ausgeliefert. Deshalb sucht er sich einen Platz in der Mitte seiner Kameraden.

Es ist Herbst. Dann kommen die Hadrosaurier immer nach Hell Creek, um dem kalten, trockenen Winter im Norden zu entfliehen. Hier ist es warm, hier gibt es genug Wasser und Pflanzen.

Dakotas Herde setzt sich in Bewegung. Ein einzelner Ankylosaurus schließt sich ihr an. Er ist auf Kopf, Rücken und Schwanz gepanzert. Das macht ihn schwer – und entsprechend langsam. Aus der Deckung des Urwalds schleicht sich ein Rudel Saurornitholestes an, das die Herde hungrig beobachtet. Diese bissigen Räuber warten auf den richtigen Augenblick für einen Angriff …

14

Jetzt haben die Saurornitholestes ihr Opfer
entdeckt. Nicht Dakota oder einen anderen
Hadrosaurier greifen sie an, sondern den
Ankylosaurus. Die Raubtiere sind schlau:
Blitzschnell kreisen sie das Tier ein und schnappen
mit ihren rasiermesserscharfen Zähnen nach ihm.

16

Entsetzt sieht Dakota, wie ein Angreifer dem jungen Saurier auf den Rücken springt und versucht, seine Klauen wie Enterhaken in dessen Panzer zu schlagen. Noch scheitert er. Doch von hinten kommt bereits ein anderer. Der Ankylosaurus setzt seinen Schwanz wie eine Keule ein und fegt den Saurornitholestes mit einem gewaltigen Schlag vom Boden. Es wird ein langer, harter Kampf. Dakota macht sich besser davon.

Dakotas Herde hat sich in Sicherheit gebracht. Einige Saurier haben Hunger. Mit ihren Mäulern, die aussehen wie Entenschnäbel, rupfen sie Blätter und Zweige ab und zermahlen sie zwischen den Zähnen. Dakota hat Durst. Der heftige Regen kürzlich hat überall Wasserlöcher hinterlassen. Er und ein paar andere Hadrosaurier lassen sich hier nieder und trinken. Dabei sind sie stets auf der Hut und lassen die Umgebung nicht aus den Augen. Da, was ist das? Dakota horcht auf: Irgendetwas Großes bricht durchs Gebüsch.

Und es kommt näher …

Ein Tyrannosaurus rex! Die Tiere schnauben entsetzt, einige stoßen schrille Angstschreie aus. Panik bricht aus. Sie versuchen zu fliehen und wirbeln dabei dichte Staubwolken auf. Die riesige Tyrannosaurus-rex-Dame wartet gelassen ab. Ihr Maul ist gespickt mit Zähnen wie Fleischmesser. Sie wird schon ein Opfer finden! Da, ganz links entdeckt sie ein junges Tier. Es ist Dakota! Langsam schreitet sie durch das Wasser ...

Es ist Abend, die Sonne ist über Hell Creek untergegangen. Stumm und starr liegt Dakota auf dem Boden. Er hat den Tag nicht überlebt. Aber seltsam: Sein Körper zeigt keinerlei Wunden. Warum hat ihn der Tyrannosaurus rex nicht in Stücke gerissen? Warum nicht aufgefressen?

Es werden Millionen von Jahren vergehen, bis wir diese Fragen beantworten können. Dakotas Leichnam ist in Hell Creek begraben, während sich beim Zusammenstoß der Kontinente riesige Gebirge bilden, während Eiszeiten kommen und gehen und irgendwann Menschen die ersten Schritte auf der Erde tun. Aber auf die Dinosaurier von Hell Creek wartet noch eine gewaltige Katastrophe …

Totenstille in Hell Creek. Es ist helllichter Tag und doch dunkel. Der Himmel ist schwarz von Asche und Staub. Den Pflanzen fehlt Licht, sie kämpfen ums Überleben. In weiter Ferne frisst sich das Feuer durch riesige Mammutbaumwälder. Die Landschaft ist übersät mit Kadavern und Skeletten von Triceratops, Tyrannosaurus rex und Hadrosauriern.

Was ist passiert? Man vermutet, dass lange, lange nach Dakotas Tod ein riesiger Komet auf die Erde stürzte. Der Einschlag löste gigantische Feuer, Staubwolken und Tsunamis aus, die fast alles Leben zerstörten. Erst gingen die Pflanzen zugrunde. Dann verhungerten die pflanzenfressenden Dinosaurier. Damit aber verloren auch die Fleischfresser ihre Nahrung. Nur einige Reptilien überlebten diese Katastrophe, ein paar Säugetiere und kleinere Vögel.

Das Zeitalter der Dinosaurier war endgültig vorbei.

25

Über 65 Millionen Jahre später …

Auf der Suche nach Dinosauriern

Ein junger Mann marschiert durch die Staub- und Steinwüste von Hell Creek, den Blick fest am Boden. Tyler sucht in dem Geröll nach Knochensplittern. Das tut er schon seit vielen Jahren. Bereits als Kind suchte er nach Dinosauriern. Es ist bereits spät an diesem Tag und das Licht wird langsam fahl. Die Riemen des Rucksacks schneiden ihm in die Schultern. Schluss für heute, Zeit zu gehen. Wieder ein erfolgloser Tag … Halt! Was ist das? Gerade als er umkehren will, sticht Tyler etwas ins Auge, das sein ganzes Leben verändern wird. Ein unglaubliches Abenteuer beginnt. Er findet Dakota.

26

27

Tyler geht in die Knie. Was ist das da unter den Steinchen? Vorsichtig streicht er den Staub weg. Ein Dinosaurierknochen! Von Größe und Form her muss es ein Wirbel sein, ein Schwanz- oder Rückenknochen. Es sieht aus wie ein Stück vom Schwanz eines Hadrosauriers, eines pflanzenfressenden Entenschnabel- dinosauriers. Vorsichtig fegt er auch den Sand drum herum weg – und findet einen zweiten Wirbel. Und noch einen … Hey, das ist unglaublich! Die drei Wirbel liegen genau so da, wie sie zusammengehören! Das heißt: Sie wurden nicht einzeln von einem Fluss angeschwemmt oder von einem Aasfresser liegen gelassen.

Es wird dunkel. In der Ferne heulen schon die Kojoten. Vorsichtig sammelt Tyler die Knochen auf, die von Wind, Regen und Schnee bereits verwittert sind.

Er legt sie behutsam in einen Plastikbeutel. Den Fund- ort hält er in seinem GPS-Gerät fest. Dann geht er im Licht der Taschenlampe zurück zu seinem Pick-up. Darüber, ob da neben dem dritten noch weitere Wirbel liegen könnten, macht er sich noch keine Gedanken.

Schwanzknochen in der Plastiktüte ••••

3 Hadrosaurier-Wirbel

Monate später bekomme ich eine E-Mail von Tyler. Ich bin Dr. Phil Manning und Paläontologe, Fossilienforscher, an der Universität von Manchester in Großbritannien. Wie Tyler war ich schon als Kind Dinosaurier-Fan. Als ich fünf Jahre alt war, gingen meine Eltern mit mir ins Naturhistorische Museum in London. Dort sah ich das riesige Skelett eines Diplodocus. Nie zuvor hatte mich etwas so beeindruckt! Meinen ersten Fund machte ich Jahre später – in meinem eigenen Garten: Es war der Wirbel eines Ichthyosaurus, eines Meeressauriers.

In der E-Mail erzählt mir Tyler von seiner Entdeckung der Saurierwirbel in Hell Creek. Er hatte weiter gegraben, um zu sehen, ob dort noch mehr lag – und den Rest des Schwanzes gefunden! Und etwas, das noch viel unglaublicher war ... Er hat ein Foto an die E-Mail angehängt: Es zeigt ein Stück Haut, krustige, schuppige Dinosaurierhaut!

Tyler hatte eine Dinomumie entdeckt!

Eine Dinomumie ist weit mehr als ein versteinertes Skelett. Denn sie besteht nicht nur aus Knochen – bei einer Mumie sind auch die „Weichteile" wie Haut oder Organe versteinert. Niemand weiß, wie es dazu kommt. Dinomumien sind sehr, sehr selten. Normalerweise verwest das Fleisch eines toten Tieres oder wird aufgefressen.

Dinomumien sind eine riesige Chance für uns Forscher: Vielleicht erfahren wir durch sie eines Tages, wie Dinosaurier wirklich aussahen. Hatten sie Stacheln auf dem Kopf, Schuppen auf Rücken oder Beinen? Tyler weiß nicht, ob seine Dinomumie vollständig ist. Ich will ihm helfen, das herauszufinden. Mit der nächsten Maschine fliege ich nach North Dakota.

Nach einer langen Reise komme ich in Marmarth an, wo Tyler wohnt. Wir wollen keine Zeit verlieren und steigen sofort in den Pick-up – los geht's nach Hell Creek!

31

Nach etwas mehr als einer Stunde sind wir da: Von einem Hügel aus können wir Tylers Grabungsgebiet überblicken. Hell Creek ist eine ideale Gegend für Dinosaurierfunde. Über Hunderte von Kilometern stapeln sich hier Felsen und Steine, liegt Schicht auf Schicht fast einen Kilometer in die Tiefe. Diese Schichten sind das Grab der letzten Dinosaurier, die auf der Erde lebten: des Triceratops, Pachycephalosaurus und des gefährlichsten Raubtiers aller Zeiten, Tyrannosaurus rex. Beim Blick über diese Landschaft stellen wir uns vor, wie hier vor Millionen von Jahren Herden von Hadrosauriern friedlich grasten.

Jetzt liegt der Körper eines von ihnen vor uns, das meiste davon noch begraben. Weil die bislang gefundenen Knochen so perfekt zueinander passen und die versteinerte Haut in hervorragendem Zustand ist, glaubt Tyler, dass auch der Rest des Dinos hier liegt. Gewissheit kann nur eine richtige Ausgrabung schaffen. Dazu brauchen wir Experten aus verschiedenen Wissenschaftsgebieten: Geochemiker, die den Boden untersuchen; Paläobotaniker, die sich mit der Vegetation der Urzeit auskennen; Kartografen, die das Gelände vermessen; und natürlich jede Menge Freiwillige zum Graben. Hier wird buchstäblich kein Stein auf dem anderen bleiben!

Einige Wochen später arbeiten hier Wissenschaftler und freiwillige Helfer Seite an Seite. Bewaffnet mit Hacken und Spaten tragen wir Tonnen über Tonnen von Gestein und Boden ab, unter denen die Knochen begraben sind. Einige Felsen müssen wir als „Matrix", als Hülle zum Schutz der Dinomumie, noch unberührt lassen. Die Schicht in der Nähe der Haut ist rötlich. Dort stoppen wir vorerst.

Schaufel für Schaufel, Stück für Stück beginnt sich eine Gestalt unter Erde und Steinen abzuzeichnen – der Umriss eines Dinosauriers! Auch wenn die Matrix sie noch versteckt: Unsere Mumie scheint komplett zu sein!

Der Dinosaurier misst fast nur die Hälfte seiner wahren Größe. Schwanz, Beine und Arme hat er zusammengekrümmt. Seinen Kopf haben wir noch nicht entdeckt. Vielleicht hat er ihn unter den Körper gesteckt?

34

Schwanzende

Rumpf

Hier lag vielleicht der Kopf.

Arm

Fuß

Knie

Schwanz-spitze

Wir nennen ihn „Dakota", weil er in North Dakota gefunden wurde. (Wir sprechen von ihm als „Er", es könnte aber auch ein Weibchen sein.) Unglaublich, dass der Körper noch seine natürliche, dreidimensionale Form behalten hat! Warum haben ihn die Tonnen von Geröll und Erde, die Millionen von Jahren auf ihm lagen, nicht zerquetscht? Warum hat ihn kein Tyrannosaurus rex verspeist? Der war doch ein Aasfresser. Jetzt beginnt echte Detektivarbeit.

35

Dakota hat sich über Millionen von Jahren langsam in Stein verwandelt, begraben unter Felsen. Ich hebe neben ihm einen Graben aus, um die Gesteinsschichten zu untersuchen. Die Gegend hier besteht aus Ton- und Sandstein. Vielleicht wurde er deshalb nicht zerquetscht. Ich nehme Gesteinsproben auf Höhe seines Körpers, darunter und darüber. Die Steine unter ihm sind älter, die darüber jünger als er selbst.

Auf dem Grund meiner Grabungsarbeiten entdecke ich einen gelben Schwefelring – vielleicht eine verweste Pflanze oder ein Tier? Der Prozess von Dakotas Versteinerung hat auch Spuren in seiner Umgebung hinterlassen. Vielleicht tragen meine Proben dazu bei, aufzuklären, was mit ihm geschah.

Schwefelring

Gesteinsproben

36

Kamera

LIDAR
Laser-
scanner

Auf einem Hügel nebenan sendet inzwischen ein LIDAR, eine Art Laserscanner, Strahlen auf verschiedene Punkte in der Landschaft und misst, wie sie zurückgeworfen werden. Aus den Daten lässt sich eine dreidimensionale Landkarte erstellen. Auf meinem Laptop kann ich bereits ein erstes, grobes Bild erkennen. Die Gesteinsschichten von heute erzählen uns etwas darüber, wie die Gegend hier früher ausgesehen haben könnte. Es scheint, als habe Dakota an der Biegung eines Flusses gelegen. Ja, das macht Sinn! Vielleicht hat ihn der Fluss mit Sand überspült, bevor ein T. rex ihn verspeisen konnte. Und dann könnte das Wasser den chemischen Vorgang des Mumifizierens beschleunigt haben. Ob der Fundort auch etwas darüber erzählt, wie der Dinosaurier gestorben ist? *Ist Dakota etwa ertrunken?*

Drei-
dimensionale
Landkarte

37

Während ich mit Tyler über Dakotas Tod diskutiere, haben die Wissenschaftler Professor Rob Gawthorpe und Dr. Kevin Taylor etwas Interessantes gefunden: Zement. Nicht Zement von der Art, mit dem wir Häuser bauen, sondern natürlichen Zement, der Gestein miteinander „verklebt". Dieser Siderit, ein rötlich-braunes Mineral, hat den Dino wie in einer Rüstung eingegipst: Er hat Ton- und Sandstein verbunden und so verhindert, dass Dakota zerbröckelt ist.

Wenig später entdeckt Tyler ein versteinertes Blatt. Es ist genauso alt wie Dakota, also aus der Zeit von Hell Creek vor 65 bis 67 Millionen Jahren. Ist das eine weitere Spur? Das Blatt stammt von einer ahornähnlichen Art. Heute gibt es hier keine Bäume mehr, aber das prähistorische Hell Creek war ein blühender Garten. Verrottende Pflanzen verändern die chemische Zusammensetzung des Bodens. Und genau diese Chemie hat Dakota so gut konserviert. Auch Tylers Blatt hat damit einen Teil zur Lösung der Frage beigetragen, wie aus Dakota eine Dinosauriermumie wurde.

Ahornbaum

Tylers versteinertes Blatt

Siderit
(rotbraune
Kruste)

39

Es ist so weit: Wir sind mit unseren Ausgrabungen fertig. Jetzt wird eingepackt. Da gibt es nur ein Problem: Zu unserem Gepäck gehört auch ein riesiger, zehn Tonnen schwerer Dinosaurier. Damit keine Feuchtigkeit in die Matrix gelangen kann, bestreichen wir ihn mit einer Paste aus Zinn. Dakota sieht danach ein bisschen aus wie ein großer Truthahn, der für den Backofen präpariert wurde. Dann taucht Tyler Streifen aus Sackleinen in einen Eimer mit dickem Gips und wickelt die Mumie damit ein – fast so, als würde er ihr eine dicke Jacke überziehen, um sie zu schützen. Tyler und sein Team müssen sich beeilen, denn der Gips trocknet schnell in der heißen Sonne.

40

Der Gips hat unsere Mumie noch dicker und schwerer gemacht. Wie soll sie ein Bagger jetzt noch transportieren können? Der Zufall kommt uns zu Hilfe: Am Ansatz von Dakotas Schwanz haben wir eine Bruchstelle entdeckt. Vorsichtig trennen wir die untere Hälfte ab: Zwei Teile lassen sich leichter anheben. Behutsam bohren wir unter den Rumpf und schieben einen Metallrahmen darunter, um ihn abzustützen.

Hier wurde Dakotas Schwanz vorsichtig abgetrennt.

41

Schließlich liegen Schwanz und Körper auf ihren Metallrahmen, eingehüllt in dicke weiße Gipsjacken. Während wir auf den Bagger warten, stehen Tyler und ich stolz vor dem gewaltigen, drei Tonnen schweren Schwanz. Es ist der erste mumifizierte Hadrosaurierschwanz, der je gefunden wurde! Und es sieht ganz so aus, als seien auch Haut und Fleisch erhalten geblieben – die Spitze ragt über den letzten Wirbel hinaus. Das hieße, dass die Schwänze dieser Saurierart länger waren, als bislang angenommen. Noch können wir das nicht beweisen. Aber Tyler und ich sind sicher: *Dakota wird Hadrosaurier-Geschichte schreiben!*

Die Schwanzspitze?

Das Ende der Schwanzwirbelsäule

42

Ein rumpelndes Geräusch nähert sich. Langsam holpert der Bagger über den Hügel. Aufgeregt sehen wir zu, wie seine Schaufel den dicken Block mit dem Dinosaurierkörper aufnimmt. Eine Schrecksekunde lang schwankt die Mumie am Rand des Baggerkorbs hin und her. Wenn sie jetzt herunterfällt, wird auch die Gipsummantelung nicht verhindern können, dass Dakota in Stücke zerbricht. Aber der Bagger bringt seine kostbare Ladung sicher zu einem Lastwagen in der Nähe. Unser Dino tritt eine lange, holprige Reise ins Labor an.

Nach über 65 Millionen Jahren verlässt Dakota Hell Creek.

43

Geheimnisse des Grabes

In einem dunklen, staubigen Labor wird Dakota langsam von seiner steinernen Rüstung befreit. Es ist einige Wochen her, seit er die Badlands von Hell Creek verlassen hat und in diesen kühlen, stillen Raum gebracht wurde. Als der Dinosaurier ankam, haben wir zuerst mit Kreissägen den Schwanz freigelegt. Jetzt beginnt die eigentliche Arbeit mit feinerem Werkzeug: Wir lösen die Schutzschicht der Matrix von der Mumie. Dabei nehmen wir weitere Proben von dem Gestein, das dabei abfällt, verpacken sie gut und kennzeichnen sie peinlich genau. Das dauert natürlich. Unser Ziel ist es, so viel wie möglich von der Matrix zu entfernen, damit am Ende nur eines übrig bleibt: der Dinosaurier.

44

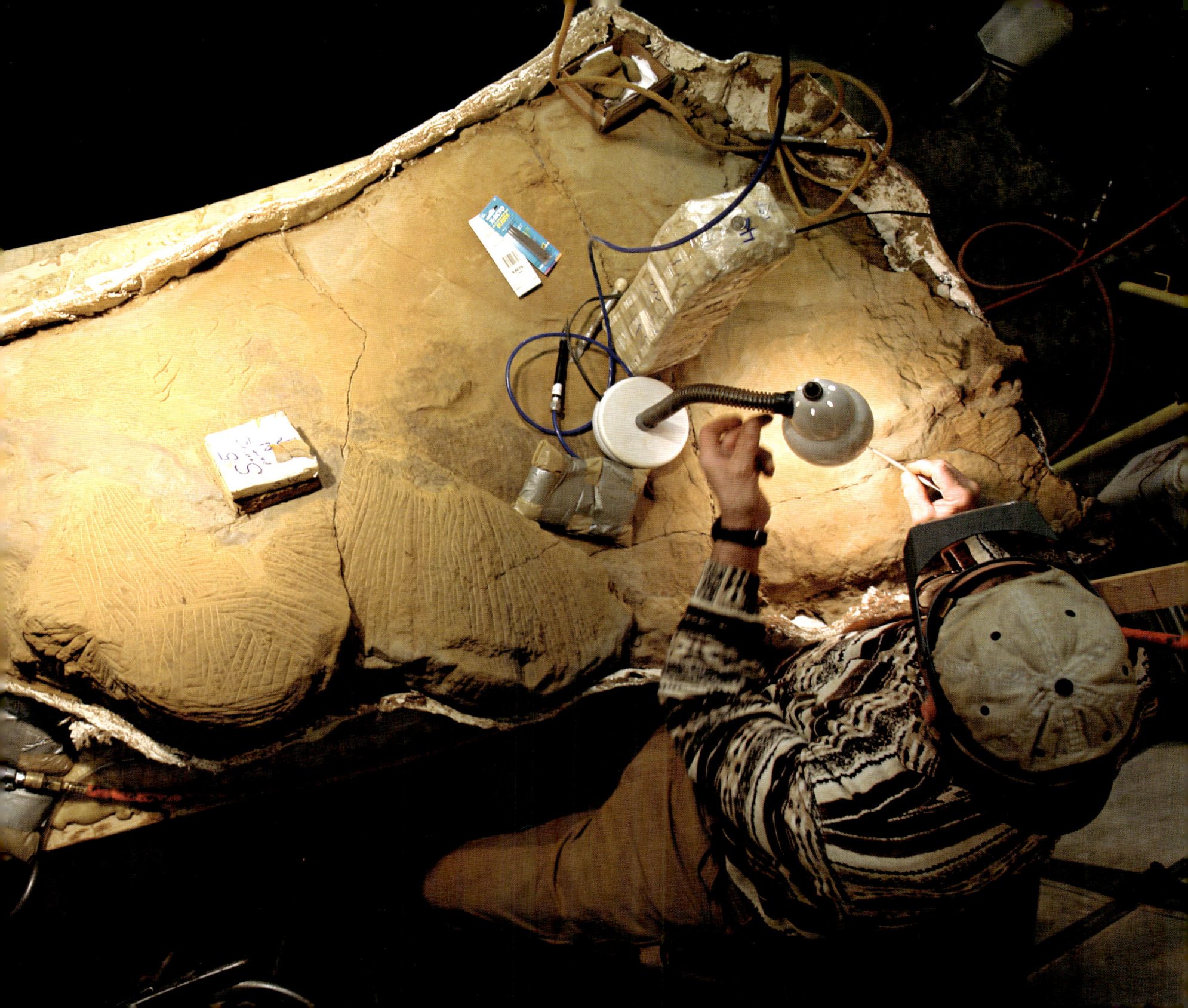

Tyler beginnt, einen von Dakotas Füßen zu präparieren. Die versteinerte Haut des Dinosauriers hat fast die gleiche Farbe und Struktur wie das umgebende Gestein. Tyler muss daher höllisch aufpassen, dass er nicht versehentlich Fasern von Dakotas versteinertem Fleisch erwischt. Im Licht einer Lampe und unter einem starken Vergrößerungsglas entfernt er mit einem feinen Zahnarztpickel die Matrix, Körnchen für Körnchen. Ein ganzes Team von Präparatoren wird Monate brauchen, um den Fuß völlig freizulegen. Aber schon jetzt sind die ersten Hautschuppen zu sehen.

Kleinere Schuppen an den Ellbogen machen dieses Gelenk beweglicher.

Mit der Größe der Schuppen veränderte sich möglicherweise auch ihre Farbe.

Der kleine Finger ermöglicht dem Dino, nach Ästen zu greifen.

Hornplatte

Ein Handschuh aus Haut zwischen den Fingern.

Auf die gleiche Art werden auch Dakotas linker Vorderarm und die Hand bearbeitet. Er hat drei lange Finger, die (wie die Zehen) in einem „Handschuh" aus Haut stecken. Wenn der Dino sie abspreizte, wurde die Oberfläche von Händen und Füßen größer, und sie versanken nicht so leicht im Schlamm.

Dakotas Haut ist außergewöhnlich gut erhalten, und wir entdecken Schuppen unterschiedlichster Form und Größe. Besonders klein scheinen sie an den Gelenken zu sein. Das machte Ellenbogen und Handgelenke beweglicher. Die Schwanz- und Rückenschuppen sind wieder anders: Dort kommen große, harte Hornplatten wie bei einem Krokodil zum Vorschein. Das schützte den Dinosaurier wahrscheinlich vor herabhängenden Ästen – oder vor T. rex-Bissen! Schließlich können wir eine Art „Landkarte" der Hadrosaurierhaut erstellen, auf der sich ablesen lässt, welche Art von Schuppen welchen Körperteil bedeckten.

47

Schwanzwirbel

Der Hüftknochen des Hadrosauriers ähnelt dem von Vögeln.

Wir wollen Dakotas Haut nicht verletzen, aber wir müssen sein Skelett untersuchen. Wir beginnen mit den Knochen, die zugänglich sind: die Schwanzwirbel, die Tyler vor vielen Monaten gefunden hat. Aus ihnen schließen wir, dass Dakota aller Wahrscheinlichkeit nach ein Edmontosaurus annectens ist. Diese Hadrosaurierart war in Hell Creek weitverbreitet. Die Länge von Dakotas Schwanz und Arm sprechen dafür, dass er noch nicht ausgewachsen war. So erstellen wir nach dem Skelett eines anderen jungen Sauriers dieser Art ein Computermodell von Dakota.

Anhand der Ausmaße seines Körperäußeren versuchen wir sein Körperinneres zu rekonstruieren und fangen dabei mit den Beinmuskeln an. Zum ersten Mal in der Hadrosaurier-Forschung erfahren wir Näheres darüber, wie sich diese Tiere bewegt haben müssen: Trotz seiner enormen Größe und seines Gewichts konnte Dakota rennen!

Ein Muskel, der das Bein bewegt

Das Sitzbein stützt Muskeln und Organe.

Oberschenkel-knochen

Die weit gespreizten Zehen helfen, den drei Tonnen schweren Körper zu tragen.

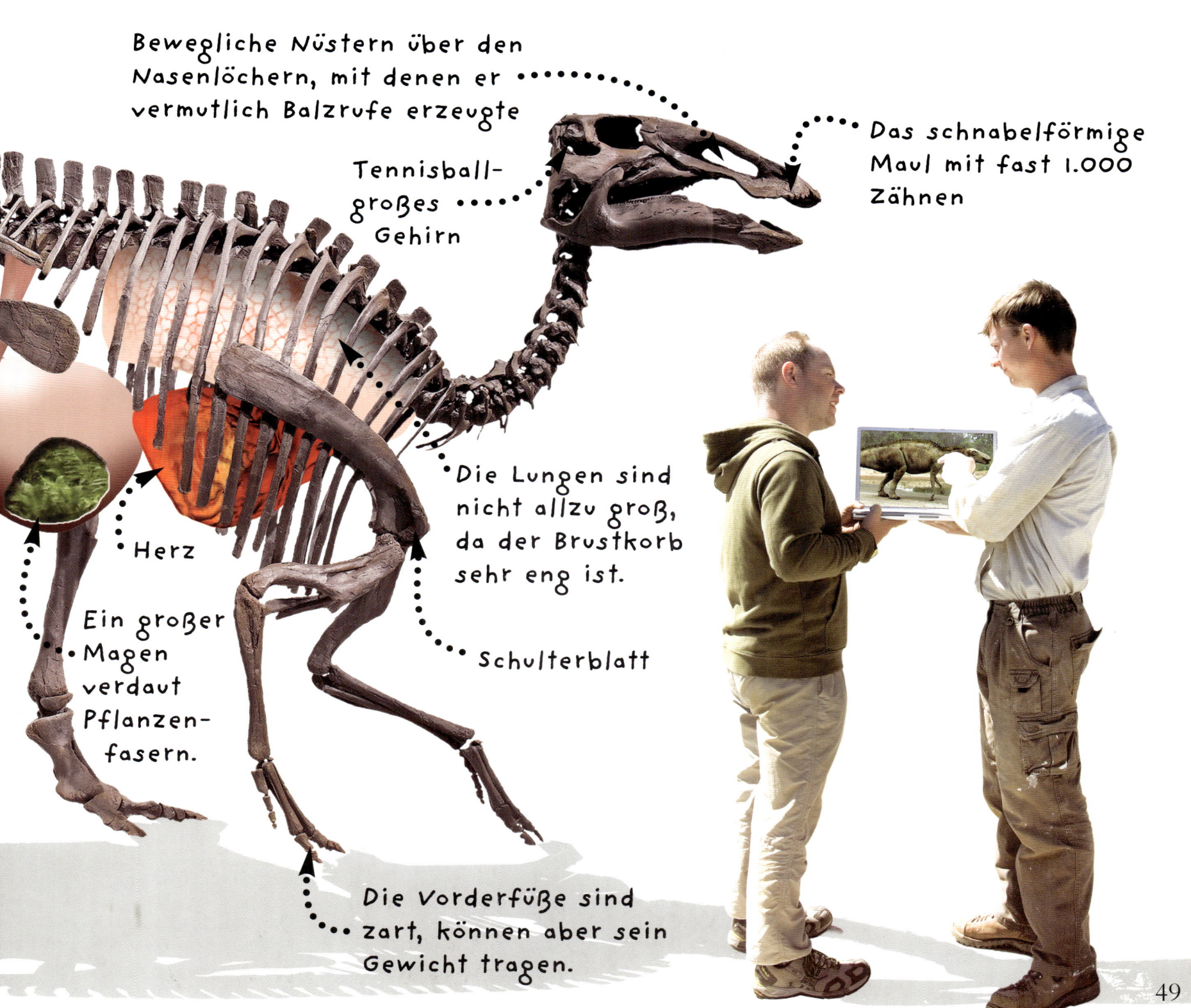

Bewegliche Nüstern über den Nasenlöchern, mit denen er vermutlich Balzrufe erzeugte

Das schnabelförmige Maul mit fast 1.000 Zähnen

Tennisball-großes Gehirn

Die Lungen sind nicht allzu groß, da der Brustkorb sehr eng ist.

Herz

Schulterblatt

Ein großer Magen verdaut Pflanzen-fasern.

Die Vorderfüße sind zart, können aber sein Gewicht tragen.

49

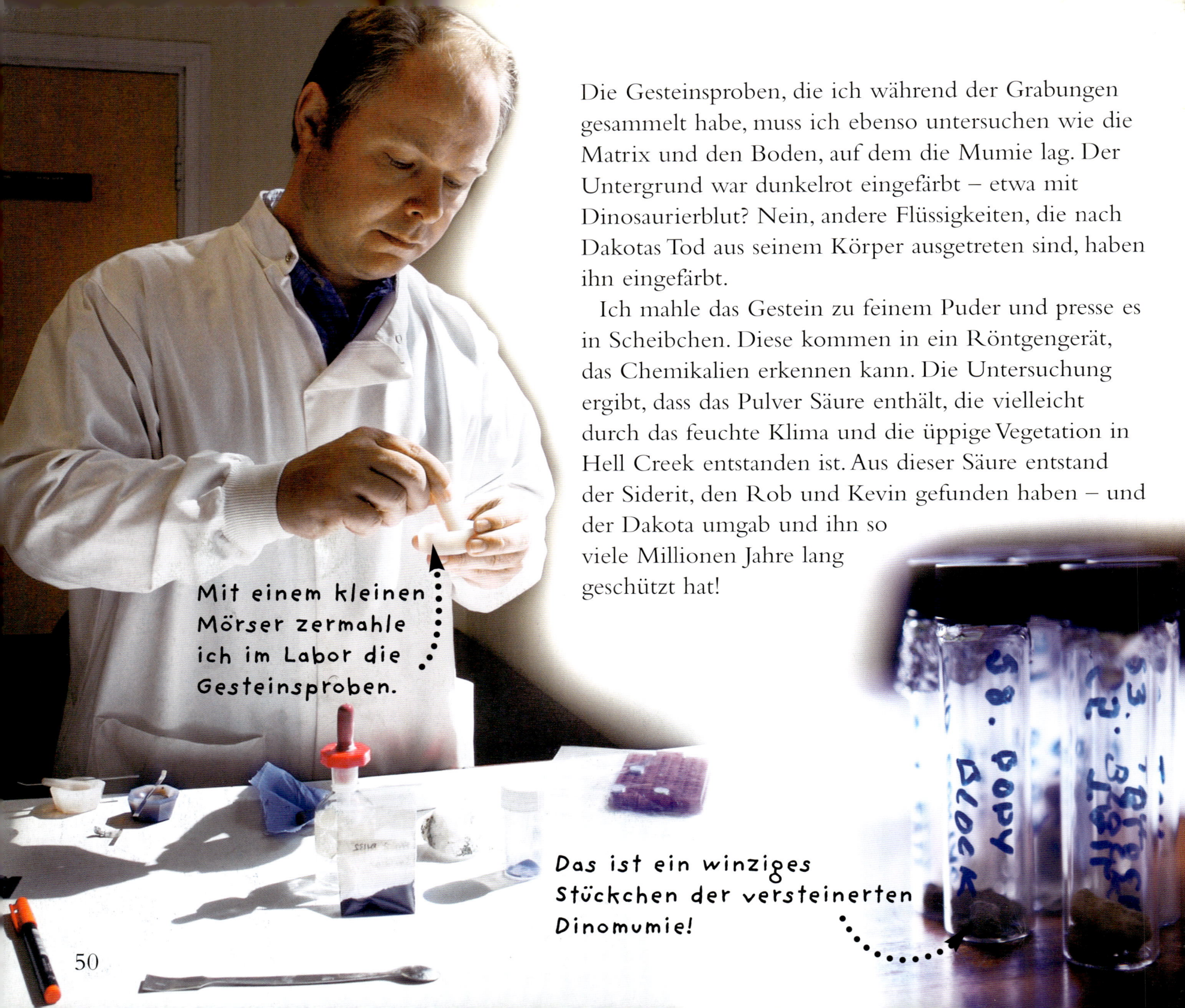

Die Gesteinsproben, die ich während der Grabungen gesammelt habe, muss ich ebenso untersuchen wie die Matrix und den Boden, auf dem die Mumie lag. Der Untergrund war dunkelrot eingefärbt – etwa mit Dinosaurierblut? Nein, andere Flüssigkeiten, die nach Dakotas Tod aus seinem Körper ausgetreten sind, haben ihn eingefärbt.

Ich mahle das Gestein zu feinem Puder und presse es in Scheibchen. Diese kommen in ein Röntgengerät, das Chemikalien erkennen kann. Die Untersuchung ergibt, dass das Pulver Säure enthält, die vielleicht durch das feuchte Klima und die üppige Vegetation in Hell Creek entstanden ist. Aus dieser Säure entstand der Siderit, den Rob und Kevin gefunden haben – und der Dakota umgab und ihn so viele Millionen Jahre lang geschützt hat!

Mit einem kleinen Mörser zermahle ich im Labor die Gesteinsproben.

Das ist ein winziges Stückchen der versteinerten Dinomumie!

50

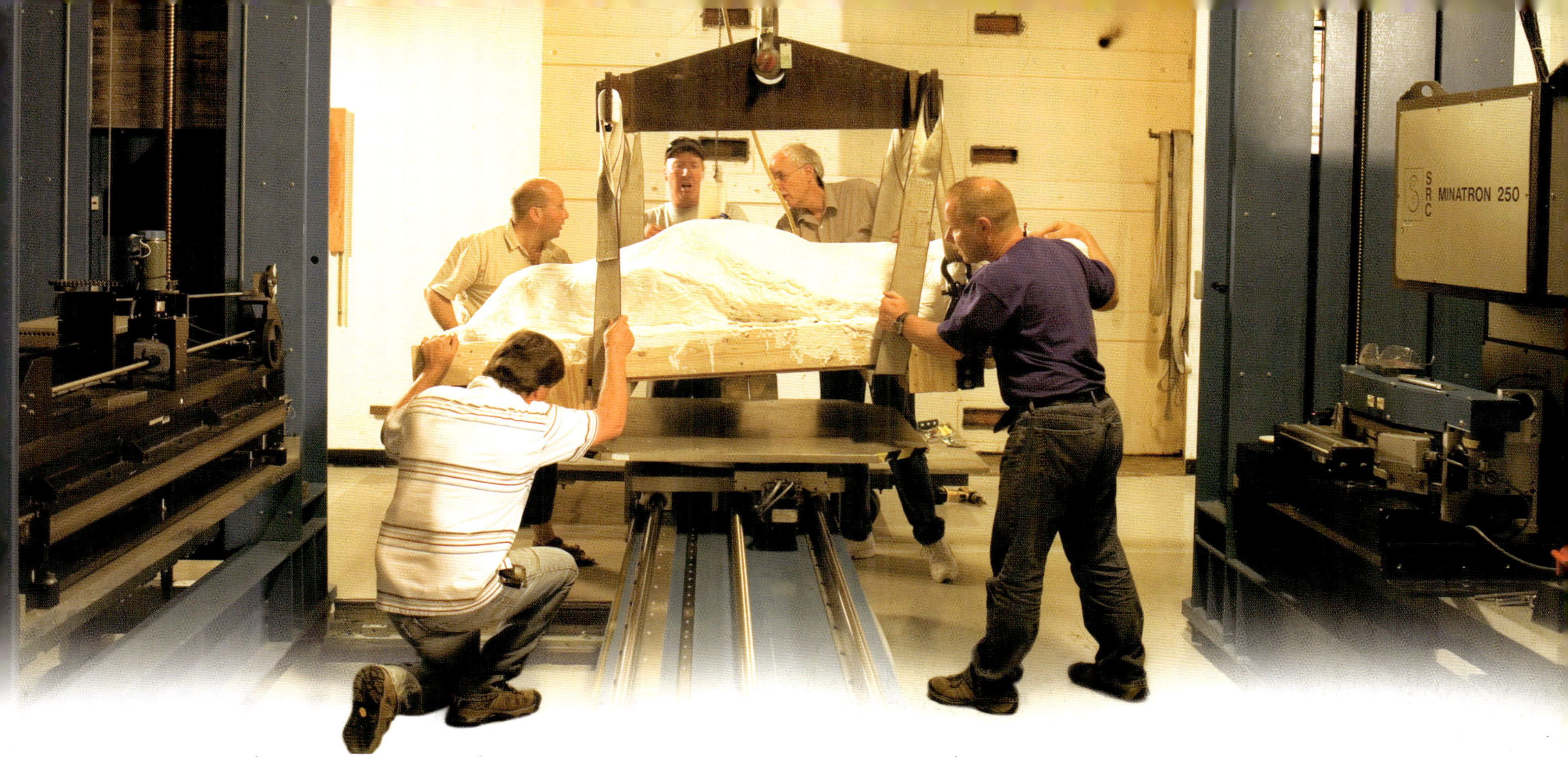

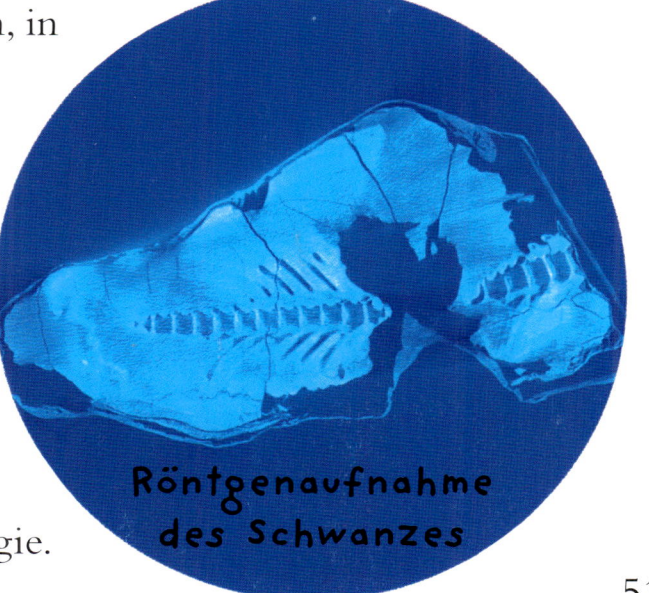

Ein paar Wochen später ist Dakota erneut unterwegs – gut verpackt in einer neuen Gipsummantelung. Wir bringen ihn nach Kalifornien, in einen riesigen Röntgen-Scanner, der sonst dazu dient, Teile von Weltraumfähren auf Risse zu untersuchen. Vorsichtig lassen wir unseren Dino auf eine Plattform gleiten, die ihn in den Scanner fährt. Hier werden dann aus verschiedenen Perspektiven Röntgenaufnahmen von Dakota gemacht.

Am Schwanz entdecken wir etwas ganz Besonderes: Er ragt tatsächlich über den letzten Wirbel hinaus! Tyler und ich hatten recht – und die Hadrosaurier wesentlich längere Schwänze als bislang angenommen! Vielleicht trifft das ja auch auf andere Saurierarten zu? Eine bedeutende Entdeckung für die Paläontologie.

Röntgenaufnahme des Schwanzes

51

Im Labor ist inzwischen die Arbeit am Arm abgeschlossen. Dabei haben wir etwas Spannendes entdeckt: ein Fleischpolster an der Handfläche. Und überraschenderweise sind die „Fingernägel" nicht abgeflacht wie Hufe. Das heißt: Hadrosaurier gingen nicht ständig auf allen vieren, die Hände waren dafür nicht ausgerüstet.

Ganz anders der Fuß, den Tyler präpariert hat: Dessen Hufe sind aus Keratin, also Horn, wie unsere Fingernägel. Horn ist wesentlich härter und widerstandsfähiger als Haut. Und Dakotas Hufe sind so gut erhalten, dass Teile des Horns nicht versteinert sein, sondern überlebt haben könnten! Das ist fantastisch! Erzählt es uns doch so viel über die organische Beschaffenheit der Hadrosaurier.

Bei der Bearbeitung des Rumpfs tauchen ein paar einzelne Knochen auf. Seltsam! Warum ist der Brustkorb nicht vollständig mumifiziert?

Rumpf

Brustkorb

Schulter-blatt

Die Haut umschließt vollständig den Arm.

Hand

Die Nahaufnahme der Hand zeigt den fleischigen Ballen.

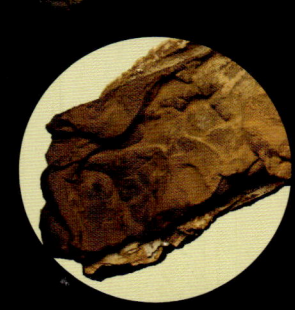

52

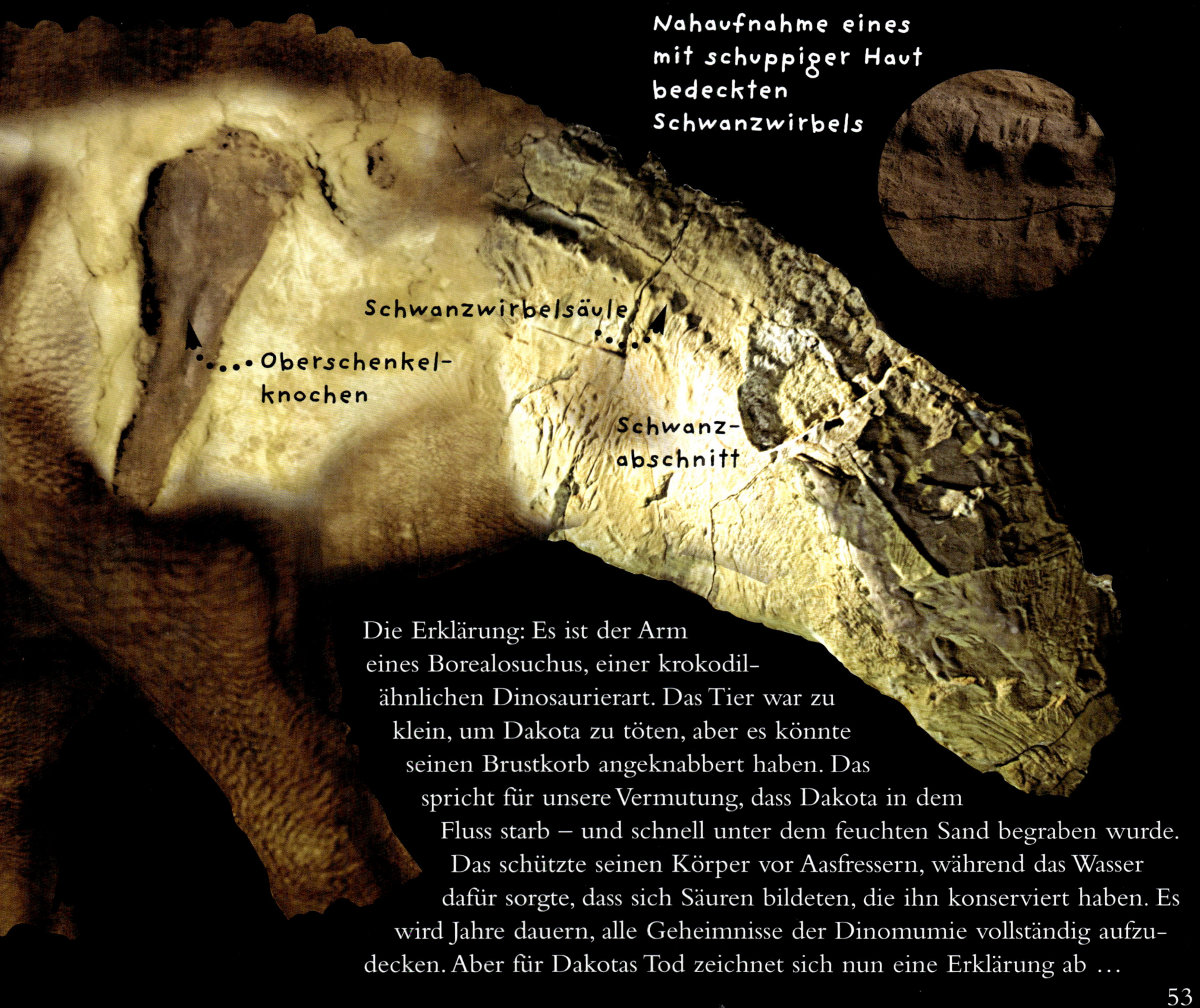

Nahaufnahme eines mit schuppiger Haut bedeckten Schwanzwirbels

Schwanzwirbelsäule

Oberschenkel-knochen

Schwanz-abschnitt

Die Erklärung: Es ist der Arm
eines Borealosuchus, einer krokodil-
ähnlichen Dinosaurierart. Das Tier war zu
klein, um Dakota zu töten, aber es könnte
seinen Brustkorb angeknabbert haben. Das
spricht für unsere Vermutung, dass Dakota in dem
Fluss starb – und schnell unter dem feuchten Sand begraben wurde.
Das schützte seinen Körper vor Aasfressern, während das Wasser
dafür sorgte, dass sich Säuren bildeten, die ihn konserviert haben. Es
wird Jahre dauern, alle Geheimnisse der Dinomumie vollständig aufzu-
decken. Aber für Dakotas Tod zeichnet sich nun eine Erklärung ab …

Als es Nacht wird, liegt Dakota zusammengekrümmt an einer seichten Stelle des Flusses im Schlamm. Dessen Fluten haben ihn hier angespült. Als der T. rex seine Herde angegriffen hat, ist der Dino vor Furcht geflohen, in seiner Panik gestolpert und in den vom Regen stark angeschwollenen Fluss gestürzt. Die Flutwellen zogen ihm sofort die Beine unter dem Körper weg. Der Fluss hat ihn damit zwar vor dem T. rex gerettet, aber seine Wellen haben ihn überwältigt: Dakota ist ertrunken.

Schließlich wurde er an einer Biegung des Flusses angespült, an der die Strömung nur noch gering ist. Eine Meute aasfressender Borealosuchus stürzt sich auf ihn, sein Blut verfärbt das Wasser. Aber Dakota versinkt schnell in dem feuchten Sand, und bald ist nur noch seine Brust den Angreifern ausgeliefert. Es dauert keine Stunde – und Dakota versinkt vollständig im Schlamm.

Trias

Vor 250 Millionen Jahren

Die Erde ist ein einziger Superkontinent, Pangäa

Der langschwänzige Flugsaurier **Eudimorphodon** war ein Fischjäger.

Der Fleischfresser **Coelophysis** jagte lebende Beute, ernährte sich aber auch von Aas.

Der Reptil-Säuger **Lystrosaurus** hatte zwei Stoßzähne.

Der winzige **Lagosuchus** hatte schon dinosaurier-ähnliche Beine.

Der Jäger **Eoraptor** hatte die Größe eines Truthahnes. Viele Wissenschaftler halten ihn für den ersten Dinosaurier.

Der **Mixosaurus** war kein Dinosaurier, sondern ein Fischsaurier mit langem Schwanz und paddel-förmigen Gliedmaßen.

Der **Plateosaurus** ist mit sieben Meter Länge der größte je gefundene Dinosaurier aus der Triaszeit.

Das Zeitalter der Dinosaurier

Die Dinosaurier von Hell Creek lebten vor 65 bis 67 Millionen Jahren, am Ende der Kreidezeit. Dinosaurier bevölkerten die Erde über 230 Millionen Jahre lang und entwickelten sich während der Trias-, der Jura- und der Kreidezeit weiter. Außerdem gab es riesige Reptilien im Wasser und in der Luft.

Jura

Vor 205 Millionen Jahren

Pangäa beginnt, in einzelne Kontinente zu zerbrechen.

Der Flugsaurier **Dimorphodon** hatte Zähne in seinem großen Schnabel.

Der **Lesothosaurus** lebte im heutigen Südafrika und konnte auf seinen zwei Beinen schnell rennen.

Der Pflanzen-fresser **Apatosaurus** wog so viel wie vier afrikanische Elefanten.

Der **Dilophosaurus** hatte zwei Kämme auf dem Kopf, vermutlich um den Weibchen zu imponieren.

Der **Megalosaurus** war ein fleisch-fressendes Raubtier.

Der **Stegosaurus** hatte einen zweireihigen gezackten Kamm auf dem Rücken.

Der Vorfahr des Stegosaurus, der **Huayangosaurus**, schützte sich mit spitzen Stacheln.

Der **Plesiosaurus** war ein Schwimm-saurier mit langem Hals.

Der **Diplodocus** war so lang wie drei Doppel-deckerbusse.

Die Landmassen der Erde nehmen
langsam ihre heutige Gestalt an.

Der **Deinonychus** hatte an jedem
Fuß eine lange, gebogene Kralle
zum Aufspießen und Aufschlitzen
seiner Beute.

Der kleine,
gefiederte
Microraptor
war der einzige
Dinosaurier mit
vier Flügeln.

Mit zwölf Metern Flügelspann-
weite war der **Quetzalcoatlus**
das größte fliegende
Lebewesen aller Zeiten.

Der **Muttaburrasaurus** war ein Pflanzenfresser, der auf dem heutigen
australischen Kontinent lebte.

Der **Saltasaurus**
war ein Verwandter
des Diplodocus und
des Apatosaurus.

Der mit Klauen bewehrte, schnelle
Velociraptor benutzte seinen
starren, knochigen Schwanz als
Steuerruder beim Rennen.

Der **Spinosaurus**
hatte eine Art Segel
von bis zu zwei Metern
Höhe auf dem Rücken,
mit dem er die Körper-
temperatur regulieren
konnte.

Der Pflanzenfresser
Euoplocephalus hatte die
Größe eines kleinen Elefanten,
eine Keule am Schwanz und
war schwer gepanzert.

Der **Acrocantho-
saurus** war ein
großer, etwa elf
Meter langer
Fleischfresser.

Der **Bactrosaurus** war ein
Hadrosaurier, der im heutigen
Ostasien lebte.

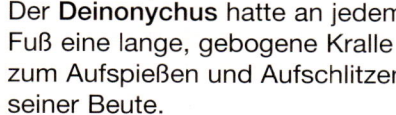

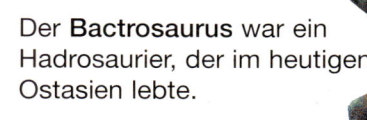
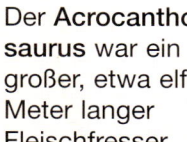
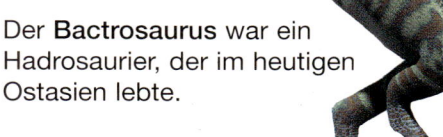

57

Wer lebte in Hell Creek?

An und in den Flüssen von Hell Creek lebten viele verschiedene Dinosaurier, Echsen, Säugetiere und Vögel. Einige ernährten sich von Samen, Blättern und Ästen, andere jagten kleinere Tiere. Wenn Tyler und ich Interviews mit Dinos machen könnten, wäre Essen vermutlich ihr Lieblingsthema. Die wichtigsten Waffen der Raubtiere waren ihre Zähne und Klauen, für die Pflanzenfresser waren Hörner und Panzer notwendig, um nicht auf der Speisekarte eines anderen zu landen.

Ankylosaurus

Was bedeutet dein Name? Gekrümmte Echse.

Wie groß bist du? 9 Meter lang, 2 Meter hoch, 4,5 Tonnen schwer.

Isst du Fleisch oder Pflanzen? Bitte nur Grünzeug!

Hat jemand Appetit auf dich? Mein Panzer hält mir die meisten Raubtiere vom Leib, aber manchmal bedrängt mich doch ein verzweifelter Fleischfresser.

Du siehst ein bisschen seltsam aus … Ja, man könnte meinen, ich sei von Warzen befallen. Meine Haut ist übersät mit krustigen Platten. Und einen dicken Kopf hab ich auch. Mein Schädel ist ein Knochenpanzer, der mein winziges Gehirn schützt.

Gibt's noch was Interessantes über dich? Meine Schwanzspitze ist ein knöcherner Knüppel. Wer es auf mich abgesehen hat, muss damit rechnen, dass ich ihm damit die Knochen zerschmettere.

Avisaurus

Was bedeutet dein Name? Vogelechse.

Wie groß bist du? Meine ausgebreiteten Flügel messen einen Meter.

Isst du Fleisch oder Pflanzen? Fleisch, wie die Raubvögel eurer Zeit – vor allem Insekten, Vögel, kleine Säugetiere und Echsen.

Wem schmeckst du? Meistens kann ich davonfliegen, aber wenn einer dieser riesigen Pterosaurier über Hell Creek kreist, kann's für mich schwierig werden.

Du siehst ein bisschen aus wie die Vögel heute. Hey, na klar! Wusstest du, dass ich von fleischfressenden Dinosauriern abstamme? Und eure Vögel von mir? Die Spatzen in deinem Garten sind entfernte Verwandte von mir!

58

Borealosuchus

Was bedeutet dein Name?
Hm, ungefähr: Nördliches
Krokodil.

Wie groß bist du?
Ein bisschen kleiner als
die Krokodile heute, etwa
4,5 Meter lang und
300 Kilo schwer.

**Isst du Fleisch oder
Pflanzen?** Ich mag Schildkröten, Fisch und alle Säugetiere, die so dumm sind, dort
zu trinken, wo ich mich im
Schlamm herumwälze.

Bist du Beute oder Jäger?
Hörst du schlecht? Ich bin ein
Raubtier, verdammt noch mal!
Aber ich mag auch Aas, fresse
also tote Tiere.

Sonst noch was? Wir
Krokodile haben uns seit
100 Millionen Jahren kaum
verändert. Deshalb haben
wir überlebt, während diese
Waschlappen von Dinos
ausgestorben sind.

Didelphodon

**Was bedeutet dein
Name?**
Opossum-Zahn

Wie groß bist du?
So groß wie ein Dachs, einen
halben bis einen Meter lang.
Und ich wiege zwischen
10 und 20 Kilo.

**Magst du Fleisch oder
Pflanzen?** Echsen, Insekten,
Käfer und ein paar saftige
Pflanzen, bitte!

Wem schmeckst du? Der
T. rex übersieht mich, dem
bin ich zu klein. Aber leider
hat der Saurornitholestes
scharfe Augen …

Noch was Besonderes?
Ich bin ein Beuteltier und
ziehe meine Kinder wie ein
Känguru in einem Beutel
groß.

Edmontosaurus

Was bedeutet dein Name?
Edmonton-Echse, nach
meinem ersten Fundort bei
Edmonton in Kanada.

Wie groß bist du?
Hah! 12 Meter lang, 3 Meter
hoch, 3,5 Tonnen schwer!

**Magst du Fleisch oder
Grünzeug?** Pflanzen natürlich!

Beute oder Jäger? Ich steh auf
Pflanzen, aber der T. rex steht
auf mich … leider!

**Warum siehst du so komisch
aus?** Na, so komisch auch
wieder nicht für einen Dino,
oder? Ich habe weder Stacheln
noch Hörner. Vielleicht findest
du mein Maul etwas seltsam.
Wir Hadrosaurier haben eben
Mäuler, die wie Entenschnäbel
aussehen. Aber andere von
meiner Art sehen viel seltsamer
aus. Sie haben komische
Kämme auf dem Kopf und
können ihre Nasenflügel
aufblasen!

Eubaena

Was bedeutet dein Name?
Gute Schildkröte.

Wie groß bist du?
Ich bin ziemlich klein,
zwischen 30 und 50 Zenti-
meter. Und mit 3 bis 5 Kilo
ein Leichtgewicht.

Fleisch- oder Pflanzenfresser?
Was mir vors Maul kommt:
Fische, Käfer, Pflanzen … Ich
kann mich anpassen, deshalb
bin ich nicht wie die Dinosaurier ausgestorben.

Hast du Feinde? Wenn mich
ein Borealosuchus erwischt,
knackt er meinen Panzer wie
einen Butterkeks …

**Schildkröten sind langweilig,
oder?** Na hör mal! Uns gibt es
seit 200 Millionen Jahren. Ihr
Menschen bringt es gerade mal
auf eine Million …

59

Ornithomimus

Was bedeutet dein Name? Vogelimitator. In gewisser Weise bin ich einem Vogel ähnlich …

Wie groß bist du? 4,5 Meter lang, 2,5 Meter hoch und 500 Kilo schwer.

Isst du Fleisch oder Pflanzen? Ich habe keine Zähne, deshalb mag ich weiche Pflanzen gern. Aber ich sage auch nicht Nein zu einem Stück Fleisch von einem Säuger oder einer Echse. Ich bin nicht wählerisch.

Und wer frisst dich? Nur, wer mich erwischt! Ich bin nämlich einer der schnellsten Dinosaurier. Mit meinen langen Beinen schaffe ich glatt 50 Stundenkilometer.

Du erinnerst mich an irgendwen … Vielleicht an einen Strauß? Meine Körperform ist ähnlich, stell dir vor, ich hätte Federn …

Sonst noch was? Meine Knochen sind hohl. Das macht mich leicht, deshalb bin ich so schnell.

Pachycephalosaurus

Was bedeutet dein Name? Dickköpfige Echse. Nicht lachen!

Wie groß bist du? 4,6 Meter lang, 1,5 Meter hoch, eine Tonne schwer.

Magst du Fleisch oder Pflanzen? Ich kann mit meinen Zähnen prima Pflanzen zermahlen, aber kein Fleisch kauen.

Auf wessen Speisekarte stehst du? Ich kann gut mit dem Kopf stoßen. Das erspart mir viele Probleme.

Was ist das für eine Beule auf deinem Kopf? Meine Schädelplatte ist 25 Zentimeter dick. Prima, um mich damit mit meinen Kumpels zu stoßen und damit bei den Damen Eindruck zu schinden …

Saurornitholestes

Was bedeutet dein Name? Echsen-Vogel-Dieb.

Wie groß bist du? Nicht sehr groß: 1,80 Meter lang, 90 Zentimeter hoch, rund 40 Kilo schwer.

Was darf's sein: Fleisch oder Gemüse? Irgendein Fleisch, egal ob von einer Echse oder einem Säugetier.

Jäger oder Gejagter? Ich bin ein superschneller Räuber. Schau meine langen Beine an!

Du ähnelst ein bisschen dem Velociraptor. Das ist mein Cousin! Wir haben beide eine lange, krumme Kralle an der mittleren Zehe. Perfekt, um unsere Beute aufzuschlitzen.

Hast du noch was Interessantes zu erzählen? Ihr Menschen wisst kaum was von mir. In Hell Creek habt ihr bislang nur ein paar Schädelstücke von mir gefunden.

Stegoceras

Was bedeutet dein Name? Gewölbtes Horn.

Wie groß bist du? 2 Meter lang, 1 Meter hoch, 50 Kilo schwer.

Fleisch oder Pflanzen? Bitte Pflanzen! Ich bin strenger Vegetarier.

Wem schmeckst du? Pech für mich: Weil ich so klein bin, bin ich ein mundgerechter Happen für jeden Fleischfresser.

Du siehst aus wie ein Pachycephalosaurus. Gut beobachtet! Ich bin sein kleiner Verwandter. Wir benutzen beide unsere dicken Schädel als Rammböcke.

Noch was Spannendes über dich? Meine Halswirbelsäule verhindert, dass sich mein Schädel beim Kopfschlagen verbiegt.

60

Thescelosaurus

Was bedeutet dein Name?
Prachtechse.

Wie groß bist du?
3,90 Meter lang, 90 Zentimeter hoch, 100 Kilo schwer.

Fleisch oder Grünzeug?
Bitte Gemüse!

Beute oder Jäger?
Leider Beute …

Du siehst ein bisschen langweilig aus … Warum hast du keine Hörner oder einen Panzer? Brauch ich nicht! Ich steh doch nicht als Angriffsfläche herum. Mit meinen kräftigen und langen Beinen renn ich einfach davon.

Torosaurus

Was bedeutet dein Name?
Stiersaurier, wegen meiner großen Hörner.

Wie groß bist du?
6,20 Meter lang, 2,40 Meter hoch. Mit 7,5 Tonnen bin ich das schwerste Tier in Hell Creek, allein mein Nackenschild wiegt eine Menge.

Isst du Fleisch oder Pflanzen? Grünzeug, und zwar jede Menge! Mein massiger Körper braucht viel Energie.

Bist du Beute- oder Raubtier? Wenn es jemand schafft, an meinen ein Meter langen Hörnern vorbeizukommen, bin ich geliefert.

Du ähnelst dem Triceratops. Ja, wir sind beide Ceratopsier, also Horndinosaurier. Unsere Mäuler sehen aus wie Papageienschnäbel, viele von uns haben Hörner und einen Nackenschild.

Triceratops

Was bedeutet dein Name?
Dreihorngesicht.

Deine Maße bitte!
Ich bin 8 Meter lang, 3 Meter hoch und wiege 6 Tonnen.

Magst du Fleisch? Nein, ich bin Vegetarier.

Jäger oder Gejagter? Leider bin ich ein Beutetier – aber mit meinem Gewicht und meinen Hörnern kein leicht verdaulicher Happen.

Schön bist du ja nicht gerade … Mein Kopf ist riesig. Und meine drei Hörner brauche ich im Kampf gegen andere Triceratops und um meine Familie zu beschützen.

Noch was? Mein Nackenschild ist aus massiven Knochen, die meiner Verwandten sind porös.

Tyrannosaurus rex

Was bedeutet dein Name?
Tyrannenechsen-König, kurzum: Ich bin hier der Boss!

Wie groß bist du?
Ich bin gigantisch! Mindestens 12 Meter lang, 4 Meter hoch, 4,5 Tonnen schwer.

Frisst du Fleisch oder Pflanzen? Triceratops, Edmontosaurus, jedes Fleisch, das mir zwischen die Zähne kommt. Mit Säugetieren halte ich mich nicht lange auf, das ist ja nur was für den hohlen Zahn …

Beute oder Jäger? Also bitte! Ich bin das gefährlichste Raubtier von Hell Creek!

Warum bist du so hässlich? Vielleicht weil mein Kopf fast zwei Meter lang ist und meine Zähne so groß sind wie Bananen. Und dann sind meine Arme dünn. Aber an deiner Stelle wäre ich vorsichtig, so was zu sagen …

61

Glossar

Aasfresser	Tier, das sich von den Kadavern und Überresten toter Tiere ernährt
Ausgrabung	das behutsame Freilegen, Bergen und Untersuchen von Fossilien
Aussterben	das völlige Verschwinden einer Art von Lebewesen auf der Erde
Badlands (engl.)	= schlechtes Land; eine karge, wilde Gegend mit trockenem Klima, geringer Vegetation und lehmreichem Boden, aus dem Wind und Regen eine Hügelland-schaft haben entstehen lassen
Ceratopsier	Horndinosaurier; eine Gruppe von Pflanzenfressern mit schnabelförmigen Mäulern. Einige, wie der Triceratops, haben Hörner und einen Nackenschild.
Chemikalien	die einzelnen elementaren Grundstoffe, aus denen etwas besteht
Dinosaurier	prähistorische, also vorgeschichtliche Echsen, die vor etwa 230 bis 65 Millionen Jahren auf der Erde lebten. Dinosaurier heißt so viel wie „schreckliche Echse".
Dinosaurier-mumie	ein Dinosaurier, dessen Fossil in seinem Inneren auch versteinerte Weichteile wie Haut oder innere Organe enthält
Eiszeit	erdgeschichtliche Periode, in der weite Teile der Erde mit Eis bedeckt waren
Evolution	die Veränderung von Arten verschiedener Lebewesen über einen längeren Zeitraum
Fossilien	versteinerte Tiere oder Teile von ihnen
Gipsummantelung	eine Schicht aus Aluminiumfolie und darüber liegenden, gipsummantelten Sackleinenstreifen, die Paläontologen einsetzen, um das damit eingehüllte Dinosaurierskelett bruchsicher und transportfähig zu machen
GPS-Gerät	GPS = Global Positioning System; Gerät zum Verorten von Personen, Gegenstän-den oder Landformationen mithilfe von Satellitentechnik
Hadrosaurier	eine pflanzenfressende Dinosaurierart mittlerer Größe, deren Maul geformt ist wie ein Entenschnabel
Hell Creek Formation	ein geologisch aus Lehm-, Ton- und Sandstein-Schichten entstandenes Ge-biet, das sich quer durch die amerika-nischen Bundesstaaten Montana, North Dakota, South Dakota und Wyoming erstreckt. Die Gesteinsschichten bildeten sich am Ende der späten Kreidezeit und begruben die Dinosaurier unter sich.
Ichthyosaurus	ein Fischsaurier
Keratin	Material, aus dem Fingernägel bestehen
Kojote	ein dem Wolf verwandtes Raubtier, das in Nordamerika zu Hause ist
Komet	ein kugelförmiger Himmelskörper aus Steinen, Staub und Eis; manche Kome-ten ziehen einen Schweif aus Gas oder Staub hinter sich her.
Kontinent	eine große zusammen-hängende Landmasse

LIDAR = light detection and range technology; Methode zur Entfernungs- und Geschwindigkeitsmessung, bei der Laserstrahlen auf einen Punkt geschossen werden und aufgezeichnet wird, in welcher Zeit und in welchem Winkel sie zurückgeworfen werden. Dient zum Beispiel dem Erstellen dreidimensionaler Karten.

Matrix Gestein, das direkt an einem Fossil anliegt und es umschließt

Mumifizierung die Konservierung (= Erhaltung) eines Körpers einschließlich seines Knochengerüsts sowie seiner Haut, seiner inneren Organe und anderen Weichteile in einer Mumie

Paläontologen Wissenschaftler, die die Entstehung und Entwicklung des vorzeitlichen Lebens auf der Erde (und damit vor allem Fossilien) erforschen

Pick-up Transportfahrzeug mit offener Ladefläche

Prähistorisch die Zeit, bevor es Menschen gab und Geschichte festgehalten wurde

Präparator jemand, der Funde so freilegt, untersucht und bearbeitet, dass sie erhalten bleiben

Pterosaurier Flugsaurier; lebten als eigene Reptiliengruppe neben den Dinosauriern

Raptor kleine, fleischfressende Dinosaurier, die auf zwei Beinen laufen

Raubtier ein Tier, das andere Tiere jagt und tötet, um sich von ihnen zu ernähren

Reptil kaltblütiges Tier ohne Fell. Viele Reptilien legen Eier.

Röntgenstrahlen radioaktive Strahlen, die es ermöglichen, das Innere eines Körpers oder einer Substanz sichtbar zu machen

Säugetier warmblütiges Lebewesen, das seine Jungen mit eigener Milch nährt

Säure eine ätzende Substanz, die Dinge zersetzen kann

Schwefel gelbe chemische Substanz

Siderit ein stark eisenhaltiges Mineral, das manchmal auch als natürlicher Zement bezeichnet wird

Tierart oder Spezies; eine Gruppe von Tieren, die bestimmte körperliche Gemeinsamkeiten haben

Tsunami große Flutwellen, die durch Erdbeben oder Vulkanausbrüche ausgelöst werden

Versteinerung der langsame Prozess, in dem sich ein Tier oder seine Bestandteile über Millionen von Jahren zu Stein verwandeln

Verwitterung das Einwirken von Wind, wechselnden Temperaturen und Regen auf frei liegende Knochen oder Versteinerungen

Weichteile in diesem Zusammenhang: alle Teile am und im Körper, die nicht aus Knochen bestehen, wie etwa Muskeln, Haut, innere Organe oder Keratin (Horn)

Wirbel einzelner Knochen, der mit anderen ineinandergreift und so die Wirbelsäule bildet (bei Tieren inklusive des Schwanzes)

Stichwortverzeichnis

Danksagung

Der Dank des Autors gilt: Tyler Lyson und der Marmarth Research Foundation sowie deren Freiwilligen-Team; der National Geographic Foundation (Recherche und Expedition) für ihre finanzielle Unterstützung der Ausgrabungen, der Präparierung und wissenschaftlichen Untersuchung von Dakota; der Boeing Corporation, die ihren CT-Scanner zur Verfügung stellte; Stephen Begin, der so viel Zeit und Aufmerksamkeit für die Präparation Dakotas geopfert hat; dem Black Hills Institute für geologische Forschung in South Dakota; Prof. Kent Stevens von der Universität in Oregon; meinen Kollegen von der Universität von Manchester und dem Manchester Museum. Besonderen Dank an Jo, Alice und Kate, die mir die viele Zeit zugestanden haben, um diesen faszinierenden Dino namens Dakota zu untersuchen.

Der Verlag dankt: Tyler Lyson; Neal Larson, Pete Larson, Bob Farrar und Larry Shaffer vom Black Hills Institute; Tony Cutting; Tim De Alwis; Simon Holland; Richard Platt.

Unsere besondere Sorgfalt galt der richtigen Zuordnung der Urheberrechte. Der Verlag dankt den folgenden Personen für die Erlaubnis, ihr Material zu veröffentlichen:

Schlüssel: u = unten, o = oben, m = mittig, l = links, r = rechts

Seiten 1, 2–3, 4–5 Dean Steadman/Kingfisher Publications; 6 Phil Manning; 7 Dean Steadman/Kingfisher Publications; 8–9, 10–11, 12–13, 14–16, 16–17, 18–19, 20–21, 22–23, 24–25 Russell Gooday & Jon Hughes/Pixel Shack; 26–27, 28–29 Dean Steadman/Kingfisher Publications; 29ur Pete Clayman; 30 Hannah Wilson; 31 Dean Steadman/Kingfisher Publications; 32–33 Dean Steadman/Kingfisher Publications (Fotografie); 32–33 Russell Gooday & Jon Hughes/Pixel Shack (digitale Rekonstruktion der Dinosaurier); 34 Dean Steadman/Kingfisher Publications & Tyler Lyson; 35 Tyler Lyson; 36–37, 38r–39 Dean Steadman/Kingfisher Publications; 38l Fritz Polking/Frank Lane Picture Agency; 40–41, 42 Dean Steadman/Kingfisher Publications; 43 National Geographic 2007; 44–45 National Geographic 2007; 46 Dean Steadman/Kingfisher Publications; 47 Russell Gooday & Jon Hughes/Pixel Shack; 48–49 Dean Steadman/Kingfisher Publications (mit Dank an das Black Hills Institute für das Skelett); 50 Pete Clayman; 51 National Geographic 2007; 52ml, mu Tyler Lyson; 52–53, 53or Black Hills Institute; 52–53 Russell Gooday & Jon Hughes/Pixel Shack (digitale Rekonstruktion); 54–55 Russell Gooday & Jon Hughes/Pixel Shack; 56–57 Steve Weston; 58ul Dean Steadman/Kingfisher Publications; 58–59 Russell Gooday & Jon Hughes/Pixel Shack außer 58ur, 59or Steve Weston; 60–61 Russell Gooday & Jon Hughes/Pixel Shack außer 60ol, 61ul Steve Weston; 62–63, 64 Dean Steadman/Kingfisher Publications